دَوْراتُ الحَياة

بقلم: سالي مورجن

المُحتَوَيات

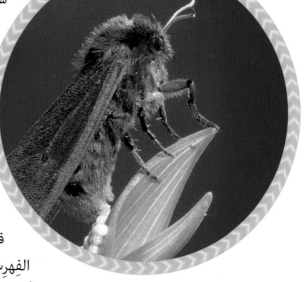

Collins

ما هي الدَّوْرةُ الحَياتيّة؟

تَبدأُ دَورةُ حياةِ الحيوانِ عندَ وِلادَتِه. يَنمو الحيوانُ الصّغيرُ، ويَكبُرُ حتّى يَصِلَ إلى مَرحَلةِ البُلوغ. ثمّ يَتكاثَرُ ويَنشأُ جيلٌ جديدٌ، وتَبدأُ دَورةُ حياةٍ جَديدة.

بَعضُ الحيوانات، والحَشَراتُ خُصوصًا، تَعيشُ دَوراتِ حياةٍ قصيرةً جدًّا، تَكتمِلُ خِلالَ بِضعةِ أسابيع. ولكنَّ الحيواناتِ الأكبرَ، مثلَ الثَّدييّاتِ، تَعيشُ دَوراتٍ حياتيّةً أطوَلَ بِكثيرٍ يَستَغرِقُ اكتِمالُها سنواتٍ عَديدة. أُنْثى الفيلِ مثلًا لا تَكونُ جاهِزةً للتَّكاثُرِ حتّى تَبلُغَ العِشرينَ أو أكثر. بَعْضُ الحيوانات، مثلَ سمكِ السَّلَمونِ، تَتَكاثَرُ مرّةً واحدةً في حياتِها ثمّ تَموتُ، وبعضُ الحيواناتِ تَتكاثَرُ مَرّاتٍ عديدة.

هل تَعلَمون؟

البَعوضُ يَعيشُ واحدةً من أقصَرِ الدَّوراتِ الحياتيّة: حَوالي ثلاثةِ أيّام.

الكثيرُ منَ الحيواناتِ تَبدَأُ حياتَها كَبيضةٍ، مثالاً: السَّمَكُ الذَّهَبيُّ، وطُيورُ الشُّحْرورِ، والتَّماسيح. يَفْقِسُ البيضُ، وتَخرُجُ حيواناتٌ صغيرةٌ، تَبدَأُ بالنُّموِّ، ثمّ تَصِلُ إلى سِنِّ البُلوغ. أمّا الحيواناتُ الأخرى، كالأُسودِ، فإنَّها تَلِدُ صِغارًا ولا تَبيض.

الحَشَراتُ، كالفَراشاتِ مثلًا، تَعيشُ دَورةً حياتيّةً أكثرَ تَعْقيدًا. تَبدَأُ الدَّورةُ الحياتيّةُ لِلفَراشةِ بِبَيضَةٍ تَفقِسُ لِتُصْبِحَ يَرَقةً تُدعى يَرَقانةَ الفَراشة. هذه هي مَرحَلةُ النُّموِّ في الدَّورةِ الحياتيّة. ولكنْ، لا يوجَدُ أيُّ تَشابُهٍ بينَ اليَرَقانةِ والفَراشةِ البالِغة.

وهذا يَعني أنَّ جِسمَ الفَراشةِ يَمُرُّ بِمَرحَلَةٍ تَتِمُّ فيها إعادةُ تَرتيبِها كُلّيًّا لِتُصْبِحَ بالِغة. وهذا التَّغييرُ المُدهِشُ يُدعى **التَّحوُّل**.

اليَرَقانة

الفَراشة

سَمَكُ السَّلمون

السَّلمونُ أسماكٌ كبيرةٌ وقَوّيةٌ وَمُصَمَّمةٌ لِتَسبَحَ بِسُرعَة. شَكلُ أجسامِها يُشبِهُ شَكلَ الطّوربيد؛ فَهي طويلةٌ، وويَقُلُّ عَرضُها تَدريجيًا قُربَ الذَّيْل. هذا الشَّكلُ الاِنسِيابيُّ يَنطَلِقُ دونَ جُهْدٍ عبرَ الماء.

تَمتَلِكُ سَمَكةُ السَّلمونِ، كَباقي الأسماكِ الأُخرى، زَعانِفَ تُساعِدُها على السِّباحةِ والبَقاءِ في وَضعٍ مُستَقيمٍ في الماء. لها أيضًا مَجموعَتانِ منَ الزَّعانِفِ المُزدَوِجةِ تُدْعى الزَّعانِفَ الصَّدريّةَ والزَّعانِفَ الحَوضيّةَ تُساعِدُها على التَّوجيه. توجَدُ زَعْنَفَةٌ ظَهريّةٌ على الظَّهرِ تَمنَعُ السَّمَكةَ منَ التَّرنُّحِ في الماء. زَعْنَفَةُ الذَّيلِ هي إحدى أهَمِّ الزَّعانِفِ لأنَّها تُساعِدُ السَّمَكةَ عَلى شَقِّ طَريقِها عِبرَ الماء.

غِطاءُ الخَيشوم
الزَّعْنَفَةُ الظَّهريّة
زَعْنَفَةُ الذَّيل
الخَطُّ الجانِبيّ
الزَّعْنَفَةُ الدُّهنيّة
زَعْنَفَةُ المَخرَج
الفَم
الزَّعْنَفَةُ الصَّدريّة
الزَّعْنَفَةُ الحَوضيّة

الماء
الخَيشوم

جَميعُ الأسماكِ لَها خَياشيمُ تَستَخدِمُها لالتِقاطِ الأُوكسِجينِ لِلتَّنَفُّسِ في الماء. تَشبِهُ الخَياشيمُ الرّيشَ نَوعًا ما، ولونُها أحمرُ لأنَّها تَحتَوي على الكثيرِ منَ الدَّم. تَقَعُ الخَياشيمُ خلفَ الرّأسِ وَيَحميها غِطاءٌ. يَدخُلُ الماءُ إلى الفَمِ، ويَتَدَفَّقُ عبرَ الخياشيمِ، فيَلتَقِطُ الدَّمُ منهُ الأُوكسِجين، وبعد ذلك يَخرُجُ الماءُ من تحتِ الغِطاء.

السَّلَمونُ أسماكٌ غيرُ عاديّةٍ لأنَّها تولَدُ في المِياهِ العَذبةِ، ولكنَّها تَقضي حياتَها البالِغةَ في المِياهِ المالِحة. وهناك مَجموعَتانِ رَئيسيَّتانِ من سَمَكِ السَّلَمونِ، أُولاهُما سَلَمونُ الأطلَنطيِّ المَوجودُ في المُحيطِ الأطلَنطيِّ، وسلمونُ الباسفيكِ المَوجودُ في المُحيطِ الهادِئ. وهناك أنواعٌ أو أصنافٌ مُختَلِفةٌ من سَلَمونِ الباسفيكِ، من ضِمنِها «التشيري»، و«الشينوك»، و«التشام»، و«الكوهو»، والسَّلَمونُ الوَرديُّ، والسَّلَمونُ الأحمر.

وَضعُ البيض

يَضَعُ السَّلَمونُ بُيوضَهُ في الماءِ العَذبِ. والماءُ العَذبُ هو الماءُ الّذي يُمكِنُنا أن نَشرَبُهُ لأنَّهُ لا يَحتَوي على الكثيرِ منَ المِلحِ، بِخِلافِ ماءِ البحرِ المالِح. تَبحَثُ أُنثى السَّلَمونِ عنِ الجَداوِلِ والأنهارِ الضَّحْلةِ حيثُ يَجري الماءُ بِسرعةٍ فوقَ الحَصى. وَتُدعى هذه الأماكِنُ مَناطِقَ وَضعِ البَيض.
يَحمِلُ الماءُ السَّريعُ الجَرَيانِ كَمّيّةً منَ الأُوكسيجينِ تَزيدُ عَن كَمِّيّةِ الماءِ البطيءِ الجَرَيانِ، وهو أمرٌ مُهِمٌّ لأنَّ البُيوضَ تَحتاجُ إلى إمدادٍ ثابِتٍ منَ الأوكسِجين، وبِكونِها تَموتُ بِدونِهِ.

يَصِلُ السَّلَمونُ إلى مَناطِقِ وَضعِ البيضِ في الخَريف. تَبدَأُ الإناثُ في البَحثِ عنِ المكانِ المِثاليِّ لبناءِ أعشاشِها، ثمّ تَستَلقي الأُنثى، على جَنبِها، فوقَ الحَصى وتَستَخدِمُ ذَيلَها القويَّ لِكَي تحفُرَ عُشَّها، الّذي يُدعى الغَوْر. ومع كلِّ ضَربةٍ من ذَيلِها، تَزيحُ حَفنةً منَ الصُّخورِ الصّغيرة، ثمّ تَضَعُ المِئاتِ منَ البُيوضِ الصّغيرةِ المُستَديرةِ في العُشّ. يَتِمُّ تَخْصيبُ البيضِ على الفَورِ مِن قِبَلِ السَّمكِ الذَّكَرِ الّذي يَنتَظِرُ قُربَ العُشّ. بعد ذلك، تَتَحَرَّكُ الأُنثى قليلًا ضِدَّ التَّيّارِ، وتَقومُ بالعَمَليّةِ نَفسِها مَرّةً أُخرى. وبَينَما تَحفُرُ عُشًّا آخَرَ، تَردِمُ الحَصى فوقَ البَيضِ المَوضوعِ في العُشِّ الأوّل. تُخفي الحَصى البُيوضَ منَ الحيواناتِ المُفتَرِسة، وتَقومُ كلُّ أُنثى بِبِناءِ العَديدِ منَ الأعشاشِ، وتَضَعُ آلافَ البُيوض.

هل تَعلَمون؟

تَضَعُ أُنثى السَّلَمونِ الكبيرةُ نحوَ ٧٠٠٠ بيضة.

مُخَبَّأَةٌ بينَ الحَصى

تَبقى البُيوضُ مُخَبَّأَةً بينَ الحَصى لفَترةِ ثَلاثةِ أشهُرٍ تَقريبًا. عَلَيها أن تُقاوِمَ الماءَ المُثَلَّج، وفي بعضِ الأحيان، قد تَبقى مَدفونةً تحتَ طَبَقةٍ سَميكةٍ منَ الثَّلجِ والجَليد. البُيوضُ لَونُها بُرتُقاليٌّ-وَرديٌّ باهِت، وقِشْرَتُها لَيِّنةٌ شَفّافة. قُطْرُها لا يَتجاوَزُ بِضعةَ مِلّيمِترات، وبِداخِلِ البيضةِ يوجَدُ مُحُّ البيضِ الأصفرُ الكبيرُ، وهو غَنيٌّ بالمَوادِّ المُغَذِّية. بعد مُرورِ حَوالي أربعةِ أسابيعَ، تَظهَرُ نِقاطٌ سَوداءُ كبيرةٌ، وهي عُيونُ سَمَكِ السَّلَمونِ الّتي لم تولَدْ بعد.

وعلى الرَّغْمِ من أنَّ البُيوضَ تكونُ مُخَبَّأَةً بينَ الحَصى، فإنَّ عَشرةً من كُلِّ مِئةِ بيضةٍ تَبقى على قَيدِ الحياةِ وتَفقِسُ. يَموتُ البَعضُ منها بِسَبَبِ المَرَضِ، ولكنَّ مُعظَمَها تُؤكَلُ من قِبَلِ الحيواناتِ المُفترِسَةِ، كالأسماكِ الأُخرى، والطُيورِ، وحيواناتِ الرّاكون.

بُيوضٌ تَظهَرُ فيها عُيونُ السَّلَمونِ الّتي لم تولَدْ بعد.

الرّاكون

اليَرَقات

هذا يُفَسِّرُ وَضعَ أُنثى السَّلَمونِ هذا العَدَدَ الكَبيرَ منَ البيضِ، أمَلًا في أن يَتَمَكَّنَ عَدَدٌ قَليلٌ منَ البَقاءِ، وعُبورِ فَصلِ الشِّتاء.

عندَما تَكونُ الأسماكُ الصّغيرةُ داخلَ البيضةِ جاهِزةً لِلخُروجِ، فإنَّها تتَحَرَّكُ وتَدفَعُ باتِّجاهِ قِشرِ البيضةِ الطَّريِّ إلى الخارِج. طولُ الأسماكِ هذه لا يَتَجاوَزُ السَنتِمترَيْنِ، ويَلتَصِقُ ببَطْنِها كيسُ مُحٍّ كبير. تُدعى هذه الأسماكُ الصّغيرةُ اليَرَقاتَ، وهي تَبقى مُخَبَّأَةً بينَ الحَصى، ووتَتَغَذّى لفَترةِ أُسبوعٍ أو أُسبوعَيْنِ على المُحِّ الّذي يَحتَوي على جميعِ المَوادِّ الغِذائيّةِ الّتي تَحتاجُها للنّمُوّ. يَختَفي كيسُ المُحِّ بمُرورِ الوقت.

وهنا، تُصبِحُ اليَرَقاتُ جاهِزةً للتَّحَرُّكِ بعيدًا، ولكنَّها تُواجِهُ مُشكِلة. إنَّها لا تَستَطيعُ أن تَطفُوَ على الماءِ بعد؛ لذا فإنَّها تَضرِبُ الماءَ بذَيلِها، وتَدفَعُ أنفُسَها إلى السَّطحِ لتَستَنشِقَ بَعضَ الهَواء. يُستَخدَمُ هذا الهَواءُ في مَلءِ أكياسٍ هَوائيّةٍ تَشبِهُ البالوناتِ في أجسامِها، ممّا يَسمَحُ لها بالسِّباحةِ إلى أعلى وأسفَل. تُدعى أسماكُ السَّلَمونِ في هذه المَرحَلةِ الزَّريعة.

بيوضُ أسماكِ القِرش

لا تَبيضُ كُلُّ الأسماكِ بيضًا صغيرَ الحَجمِ، فالعديدُ من أسماكِ القِرشِ تَضَعُ القليلَ منَ البُيوضِ الكبيرة. تَحمي كُلَّ بيضةٍ حَقيبةٌ مَطّاطيّةٌ صَلبة. أمّا بيضةُ سمكةِ كَلبِ البحرِ فتُسَمَّى «مِحفَظَة حورِيّةِ البحر». تَلتَفُّ أربعةُ حَوالِقَ حولَ العُشبِ البحريِّ لِتَمنَعَ البيضَ منَ الاِنجِرافِ بعيدًا.

سمكةُ كلبِ البحرِ تخرجُ من «مَحفَظةِ حوريّـةِ البحر»

سمكةُ كلبِ البحرِ بالِغة

أَنواعٌ أُخرى من واضِعاتِ البيض

ليسَتِ الأسماكُ الحَيَواناتِ الوحيدةَ التّي تَبيضُ. هناك كائِناتٌ أُخرى تَبيضُ مثلُ الحَشَراتِ، والبَرّمائيّاتِ، والزَّواحِفِ، والطُّيورِ. البَرّمائيّاتُ، كالضَّفادِعِ مثلًا، تَضَعُ بُيوضًا مَحمِيّةً بطَبَقةٍ هُلاميّةٍ سَميكةٍ تَمنَعُ الجَفافَ، وتَجعَلُ منَ الصَّعبِ على الكائِناتِ المُفتَرِسةِ أكلَ البيضِ. تَضَعُ الضِّفدَعةُ العاديّةُ كُتلةً منَ البيضِ. تَنمو البيضةُ في أقَلَّ من أُسبوعَيْنِ، لتَتَحوَّلَ إلى شُرغوفٍ يخرجُ منَ الهُلامِ بحَرَكاتٍ دائِريّةٍ هَزّازة.

الحَشَراتُ، مثلُ الفَراشةِ تبيضُ أيضًا.

تَضَعُ الطُّيورُ بيضًا بِقِشرةٍ قويّة. تَرقُدُ الأُنثى على بيضِها ليَبقى دافِئًا.
عندَما يَحينُ وَقتُ التَّفقيسِ، يقومُ الكَتكوتُ بكَسرِ قِشرةِ البيضةِ بسِنٍّ خاصٍّ للبيضِ في مِنقارِهِ.

كَتاكيتُ تَفقِسُ من بيضِها

حَجمُ بيضةِ التِّمساحِ كَحَجمِ بيضةِ الدَّجاجة.
ولكنَّ قِشرتَها جِلدِيّةٌ وقويّةٌ بَدَلًا من قِشرةٍ صَلبة.
تَدفِنُ الإناثُ بيضَها في عُشٍّ في الأرضِ وتَحرُسُهُ،
وبعد أن تَفقِسَ التَّماسيحُ الصّغيرةُ، تُساعِدُها
الإناثُ في الخُروجِ منَ العُشِّ،
وتَحْمِلُها الى الماء.

هل تعلَمون؟

أكبرُ بيضةٍ هي بيضةُ النَّعامةِ،
إذ تَزِنُ الواحدةُ منها حَوالي ١,٤
كيلوغرام، أو ما يُعادِلُ حوالي
٢٤ بيضةَ دَجاجة.

صِغارُ السَّمَك

المَرحَلةُ التّاليةُ في دَورةِ حياةِ السَّلَمونِ هي مَرحَلةُ النُموِّ، حيثُ تُسَمّى «الزَّريعة». هنا، تُصبِحُ صِغارُ سمكِ السَّلَمونِ قَويّةً بِما يَكفي لمُغادَرةِ المكانِ الآمِنِ في الحَصى. وعلى امْتِدادِ الأشهُرِ التّاليةِ، تَنتَقِلُ من مكانٍ إلى آخرَ ببُطءٍ مع التَّيار، وتَتَوَقَّفُ لتَتَغَذّى في الأماكِنِ الّتي يَكونُ الماءُ فيها ساكِنًا.

البَلَشونُ واقِفًا في الماء

خُنفُساءُ الماء

تَبدو الزَّريعةُ، بِدونِ
كيسِ المُحِّ، وكأنَّها
أسماكٌ مُصَغَّرةٌ بجِسمٍ طويلٍ
وبزَعانِفَ صغيرة. ولأنَّها صغيرةُ
الحَجمِ، ويَسهُلُ صَيدُها منَ الحيواناتِ
المُفتَرِسةِ، يَتَوَجَّبُ علَيها أن تَحذَرَ؛ فهي
تَختَفي تحتَ الصُّخورِ، وبينَ النَّباتاتِ في
الماء. تتَغَذّى الزَّريعةُ، خلالَ هذه الفَترةِ،
بشَكلٍ أساسيٍّ على العَوالِقِ، وهي نَباتاتٌ
وحيواناتٌ صغيرةٌ تَطفو على سَطحِ الماء.
العوالِقُ غِذاءٌ مُهِمٌّ للكثيرِ منَ الحيواناتِ النَّهريّة.

العَدُوُّ الرَّئيسيُّ لصِغارِ السَّلَمونِ هو الأسماكُ
المُفتَرِسةُ كأسماكِ الكَراكي، وغيرِها منَ الحشراتِ
الصّائدةِ، كَخَنافِسِ الماءِ ذاتِ الفُكوكِ
الشَّرِسَة. هذا، وتَقِفُ طُيورُ البَلَشونِ،
والطُّيورُ الخائضةُ الأُخرى في
الماءِ تُراقِبُ الزَّريعةَ وهي تَثِبُ
وتَقفِزُ هنا وهناك. هذه مَرحَلةٌ
خَطِرةٌ لصِغارِ السَّلَمونِ، لا
تَنجو منها إلّا قِلّةٌ تَبقى حَيَّةً
إلى عيدِ ميلادِها الأوّل!

الإصبَعيّات

عندما تَبلُغُ أسماكُ السَّلَمونِ الصّغيرةُ سنةً واحدةً من العُمرِ، يُطلَقُ عليها اسمُ «الإصْبَعِيّات»، لأنَّها تكونُ بِحَجمِ الإصبَعِ تَقريبًا. تَظْهَرُ لها عَلاماتٌ عَموديّةٌ، تُشبِهُ بَصْماتِ الأصابِعِ، على اِمْتِداد جانِبِ جَسمِها. تُوَفِّرُ هذه العَلاماتُ الدّاكِنةُ التَّمويهَ الّذي يُساعِدُها على الاِختِفاءِ بينَ الظِّلالِ، فلا تَراها الحيواناتُ المُفتَرِسة. تَعيشُ الإصبَعيّاتُ في مكانٍ بَعيدٍ في أسفلِ النَّهر، وتَتَغذّى على الفَرائِسِ الأكبرِ حَجمًا، كالحشراتِ الّتي تَسقُطُ في الماءِ منَ الأغصانِ المُتَدَلِّيَة.

يَتَفاوَتُ الوقتُ الّذي تَقْضيهِ الإصبَعيّاتُ في النَهرِ بِحسبِ نوعِها. يَقضي سمكُ الشّينوكِ، والسّمكُ الورديُّ، بِضعةَ أشهُرٍ فقط كإصبَعيّات. بينَما يَقضي سمكُ السَّلَمونِ الأحمرِ الوقتَ الأطوَلَ الّذي قد يَستَمِرُّ لأربعةِ أعوام.

هل تَعلَمون؟

في سنةٍ جيّدةٍ، تَنطَلِقُ أكثرُ من ١٠٠ مليونِ سمكةٍ إصبَعيّةٍ مع التّيارِ في نهرِ «فريزَر» بكَندا، ولكنَّ أقَلَّ من ١٠ بالمئةِ مِنها تَعودُ لتَتكاثَرَ.

الماءُ في الذّاكِرة

هناك جُزءٌ هامٌّ، في هذه المَرحَلةِ، منَ النُّموِّ يُدعى «الطَّبعُ في الذّاكِرة». تَحفَظُ الزَّريعةُ في ذاكِرتِها جميعَ مَعالِمِ نَهرِ مَوطِنِها السّابِقِ: نَوعَ الصَّخْرِ، وجودَ المُنحَنَياتِ الصَّخريّةِ الضَّخمةِ، الحياةَ النَّباتيّة. للماءِ رائِحةٌ فَريدةٌ تَتَذكَّرُها الأسماكُ عندَما تَعودُ في وقتٍ لاحِقٍ للتَّكاثُر.

للأسَفِ، يُجري النّاسُ تَغييراتٍ على الأنهار. فعلى سَبيلِ المثالِ، قد تَتِمُّ إزالةُ النَّباتاتِ على امتِدادِ ضِفافِ الأنهارِ استِعدادًا لتَشييدِ الجُسورِ أو المَنازِلِ المُطِلّةِ على النّهر. قد يَتلَوَّثُ الماءُ بالمَوادِّ الكيميائيّةِ الضّارّةِ بسَبَبِ النَّشاطِ الزِّراعيِّ أو الصِّناعيّ، وهذا يُؤَدّي إلى تَغَيُّرِ رائِحةِ الماءِ، فَتَرتَبِكُ أسْماكُ السلمون عندَ عَودَتِها.

مَراحِلُ النُّموِّ الأُخرى

هناك مَراحِلُ نُموٍّ لجَميعِ دَوراتِ الحياة. الهُرَيْرةُ هي القطّةُ في مَرحَلةِ النُّموّ، بينَما الجَرْوُ هو الكلبُ في مَرحَلةِ النُّموّ. شَكلُ الهُرَيْرةِ نفسُهُ شكلُ القطّةِ، إلّا أنَّها أصغر. وشَكلُ الجَرْوِ نفسُهُ شكلُ الكلبِ، إلّا أنَّهُ أصغر. إنَّها تَكبُرُ من وَقتِ ولادتِها إلى أن تَبلُغَ الحَجمَ الكاملَ، فيَتَوَقَّفُ نُمُوُّها. بعد ذلك، تُصبِحُ جاهِزةً للتَّكاثُرِ ووَضعِ صِغارِها.

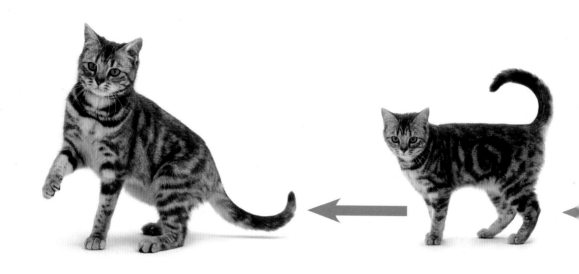

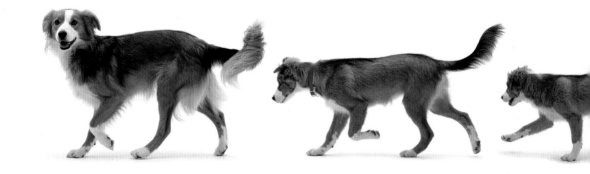

تَتَضَمَّنُ دَورةُ حياةِ الضِّفدَعِ ثَلاثَ مَراحِلَ: البيضَ، الشُّرغوفَ، البالِغ. تَضَعُ الضَّفادِعُ البالِغةُ بيوضَها في الماءِ، ومِنها يَفقِسُ الشُّرغوف. يَبدَأُ الشُّرغوفُ حياتَهُ وهو لا يُشبِهُ الضِّفدَع، بل يُشبِهُ سمكةً بذَنَبٍ طويل. يَتَبَدَّلُ جِسمُهُ، بعدَئِذٍ، إلى جسمِ ضِفدَع. تَظهَرُ في بادئِ الأمرِ الرِّجلانِ الخَلفيّتانِ، ثمّ الرِّجلانِ الأماميّتان. يُصبِحُ الذَّنبُ أَقْصَرَ، ثمّ يَختَفي. وأخيرًا، يَكونُ الضِّفدَعُ الصّغيرُ جاهِزًا لِمُغادَرةِ البِركة.

ضِفدَعٌ بالِغ

شُرغوفٌ صغير

بُيوض

شُرغوفٌ برِجلَينِ خَلفيّتَينِ

شُرغوفٌ بأرْجُلٍ خَلفيّةٍ وأماميّة

إنَّ دَورةَ حياةِ الفَراشةِ أكثرُ تَعقيدًا، وتَمُرُّ بأربعِ مَراحِل. تَبدأُ الفَراشةُ حياتَها كبيضةٍ تَفقِسُ وتُصبِحُ يَرَقانة. تتَغَذّى اليَرَقانةُ طيلةَ الوقتِ، لذا فإنَّها تَنمو بسُرعة. بعد ذلك، تتَحَوَّلُ اليَرَقانة إلى **شَرْنَقةٍ**، ولا تتَحَرَّكُ، بل تَبقى داخلَ غِطاءٍ واقٍ صَلب. في الظّاهرِ، يَبدو أنها لا تَنمو، معَ أنّهُ تَتِمُّ، في داخلِها، عَمَليّةُ تَبَدُّلِ جِسمِ اليَرِقانة إلى جِسمِ فَراشةٍ بالِغة. يَتَغَيَّرُ شَكلُ الجِسمِ، تَنمو الأجنِحةُ، ثمّ تَنْشَقُّ الشَّرْنَقةُ وتَخرُجُ مِنها فَراشةٌ بالِغة.

فَراشة

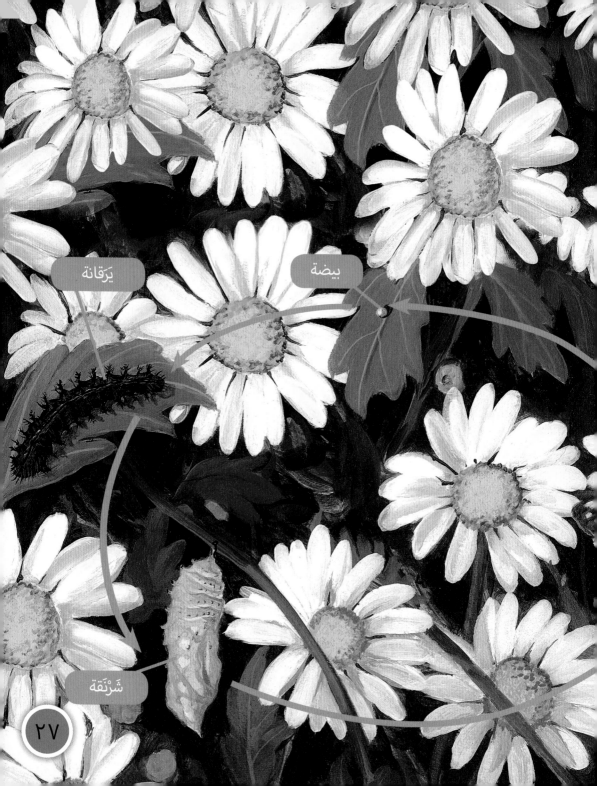

يَرَقانة

بيضة

شَرْنَقة

٢٧

التَّحَوُّلُ إلى اللّونِ الفِضّيّ

تَشُقُّ إصبَعيّاتُ السَّلَمونِ طَريقَها تَدريجيًّا مع تَيّارِ النّهرِ إلى المَصَبِّ، حيثُ يَلتَقي ماءُ النّهرِ العَذبِ مع ماءِ المُحيطِ المالِح. إنَّها تَختارُ مَوعِدَ وصولِها بعِنايةٍ، بحيث تَصِلُ إلى المَصَبِّ في فَصلِ الرّبيعِ، وهو الوقتُ الّذي تكونُ فيهِ مِياهُ المَصَبِّ مَليئةً بالعَوالِق. فيَتَوَفَّرُ الكثيرُ منَ الطّعامِ لها. وهنا، تَتَغَيَّرُ إصبَعيّاتُ السَّلمونِ هذه إلى اللّونِ الفِضّيّ، وتَتَهَيَّأُ لأكبرِ تَبدُّلٍ في حياتِها.

تَسهُلُ مَعْرِفةُ ما إذا تَحَوَّلَتْ إصبَعيّاتُ السَّلمونِ إلى اللّونِ الفِضّيّ من خلالِ مَظهَرِها.
تَختَفي العَلاماتُ السَّوداءُ من على جَوانِبِها، وتَتَحَوَّلُ بكامِلِها إلى اللّونِ الفِضّيّ.
السَّبَبُ في ذلك هو أنَّها تَتَهَيَّأُ للحياةِ في البحر. إنَّ العَلاماتِ البُنّيّةَ تُفيدُها في الاختِفاءِ
بينَ النَّباتاتِ أو على أرضيّةِ النّهرِ، ولكنَّ فائدَتَها تكونُ أقلَّ في مياهِ المُحيطِ العَميقة.
إنَّ اللّونَ الفِضّيَّ أفضلُ لأنَّهُ يَجعَلُ منَ الصَّعبِ التَّعَرُّفَ على السَّلمونِ في الماء.
كما أنَّ شَكلَ أجسامِها يَتَغَيَّرُ، وتُصبِحُ أكثرَ طولًا، ويُصبِحُ لونُ الزَّعانِفِ أكثرَ دُكنَةً.
يَبلُغُ طولُ سمكةِ السَّلمونِ الفَتيّةِ الآن حَوالي ١٥ سنتيمِترًا.

هُناك تَغييراتٌ داخلَ أجسامِ السَّلمون تُهَيِّؤُها للحياةِ في المِياهِ المالِحةِ، وهذا التَحَوُّلُ يُدعى مَرحَلةَ «فِراخِ السَّلمونِ الفِضّيّةِ اللّون». إنَّ أسماكَ السَّلمونِ، كانتْ حتّى ذلكَ الوقتِ، لا تَزالُ تَعيشُ في الماءِ العَذب. والأسماكُ الّتي تَعيشُ في الماءِ العَذبِ تُعاني من مُشكلةِ دُخولِ الكثيرِ من الماءِ إلى أجسامِها. يَجِبُ على سَلمونَ الماءِ العَذبِ التُّخَلُّصُ من كلِّ الماءِ الزّائِدِ عن طريقِ الكُليَة. وهذا يعني أنَّها تُنتِجُ الكثيرَ منَ الفَضَلاتِ السّائِلَةِ على هَيئةِ بَول.

أمّا بالنِّسبةِ إلى الماءِ المالِحِ، فالعَكسُ هو الصّحيح. فأسماكُ السَّلمونِ تكونُ مُحاطَةً بالماءِ المالِحِ، وكُلُّ الطَّعامِ والماءِ الذّي تتَناوَلُهُ مالِحٌ أيضًا. لذا يَنبَغي علَيها مُحاوَلةُ إبقاءِ الماءِ في أجسامِها. ولهذا تَعمَلُ الكُليَةُ ببُطءٍ، وتُنتِجُ القليلَ جدًّا منَ البَول.

تَعيشُ هذه الأسماكُ الفِضّيّةُ اللّونِ في المَصَبِّ، لمُدّةِ سَنةٍ واحِدةٍ، كي تَعتادُ على الماءِ المالِح، وتَقْتاتُ على الغِذاءِ الكثيرِ الذّي تُوَفِّرُهُ العوالِق، قَبل انْطِلاقِها إلى المُحيطِ المفتوحِ الشّاسِع.

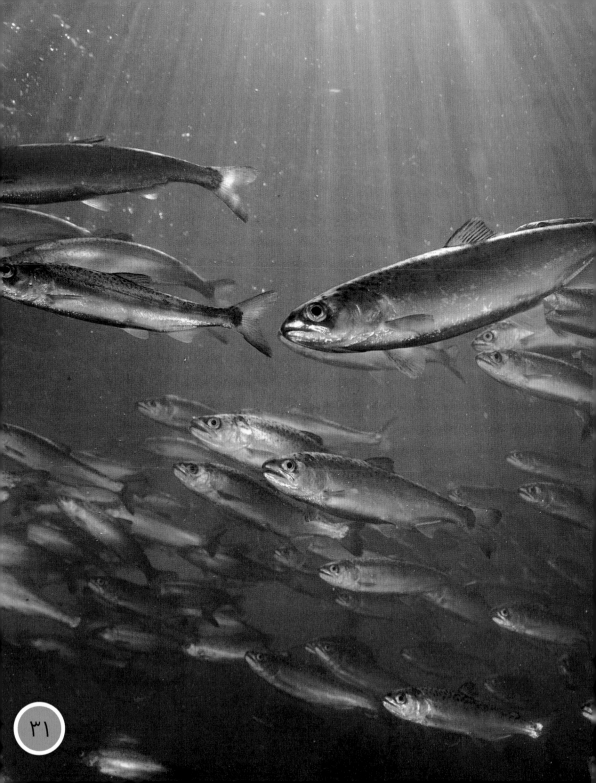

الحياةُ في البحر

تَسبَحُ «فِراخُ السَّلَمونِ الفَضِّيّةُ اللّونِ» مُنطَلِقةً صَوبَ المُحيطِ حيثُ تَنمو لتَصِلَ إلى سِنِّ البُلوغ. هناك، تَعيشُ في أسْرابٍ صغيرةٍ، وغالِبًا ما تَسْبَحُ مِئاتِ الكيلومتراتِ إلى مَواطِنِ الغِذاءِ حيثُ تَتوافَرُ الأسماكُ الصّغيرةُ، والحيواناتُ الّتي تُدعى «الكريل»، وهي شَبيهةٌ بالقُرَيدِسِ الصّغير.

تَسبَحُ أسماكُ «سَلَمونِ الباسيفيك» عَبرَ المُحيطِ الهادِئِ لتَقضيَ حياةَ بُلوغِها وهي تَقْتاتُ في خَليجِ ألاسكا وبحرِ بيرنغ. أمّا أسماكُ «سَلَمون الأطلَنطيّ» فتُغادِرُ الأنهارَ في غَربِ أوروبّا، وفي شَرقِ أمريكا الشَّماليّةِ، وتَسبَحُ إلى مَواطِنِ الغِذاءِ قُربَ غرينلاند.

تَعيشُ أسماكُ السَّلَمونِ البالِغةُ سَنَواتٍ عَديدةً في البحرِ، تَتَغَذّى وتَنمو، قبلَ أن تُصبِحَ جاهِزَةً للعَودةِ إلى الماءِ العَذبِ لوَضعِ البيض.

عندَما تَبلُغُ أسماكُ سَلَمونِ الشّينوكِ وسَلَمونِ الأطلَنطيّ نُموَّها الكاملَ، فإنَّ وزنَها قد يَصِلُ إلى ٣٠ كيلوغرامًا أو أكثر. أمّا السَّلَمونُ الأحمرُ فهو أصغرُ بكثيرٍ، ويَتَراوَحُ وزنُهُ بينَ ٢,٥ كغم - ٧ كغم.

الحياةُ في البحرِ ليسَتْ آمِنة. فهناكَ الكثيرُ منَ المَخلوقاتِ المُفتَرِسةِ الّتي تَصطادُ السَّلَمونَ في الماء. يَجِبُ على الأسماكِ الأصغرِ سِنًّا تَجَنُّبُ الأسماكِ المُفتَرِسةِ الكبيرةِ، بينَما تَتَعَرَّضُ البالِغةُ مِنها للافتِراسِ، سَواءٌ منَ الفُقمةِ، أو القِرشِ، أو الدَّرافيلِ والحيتانِ القاتِلة.

هل تعلمون؟

تُطلَقُ على سَلَمونِ الشّينوكِ أسماءٌ مُختَلِفة. يُسَمّى في ألاسكا «السَّلَمونَ المَلِكَ»، لأنَّهُ كبيرٌ للغاية. وفي أَماكِنَ أُخرى يُسَمّى «هوك بيل» و«تايي»، و«الأسوَد»، و«االفَمُ الأسوَد»، و«سبرنغ»، و«تشاب».

سَلاسَلُ الغِذاءِ في المُحيط

أسماكُ السَّلَمونِ جُزءٌ مُهِمٌّ من سِلسِلةِ الغِذاءِ في المُحيط. هذه السِّلسِلةُ هي العِلاقةُ الغِذائيّةُ بينَ النَّباتِ والحيوان. في هذا الرَّسمِ، تُبيِّنُ لنا الأسهُمُ «ماذا يأكُلُ ماذا؟» في هذه السِّلسِلةِ، باستِثناءِ العَوالِقِ النَّباتيّةِ التّي تَستَمِدُّ غِذاءَها ذاتيًّا من ضَوءِ الشّمسِ، مثلَما تَفعَلُ النَّباتاتُ الّتي تنمو على اليابِسة.

حيتانٌ قاتِلة
سَلَمون

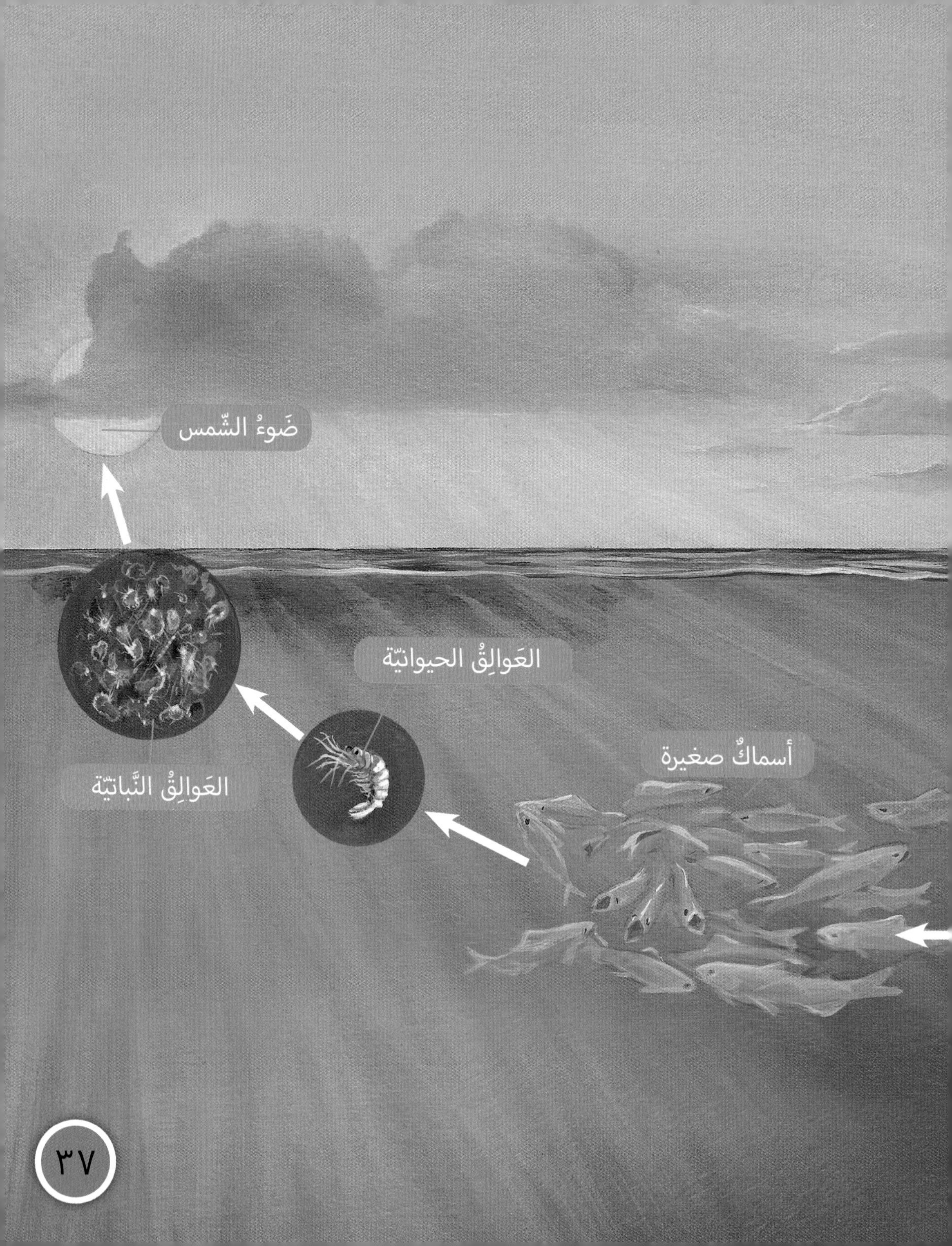

ضَوءُ الشَّمس

العَوالِقُ الحيوانيّة

أسماكٌ صغيرة

العَوالِقُ النَّباتيّة

تَطْفو العَوالِقُ النَّباتيّةُ، الدَّقيقةُ الحَجمِ جدًّا، في المُحيط. إنَّها تَقَعُ في أَسفَلِ جميعِ سَلاسِلِ الغِذاء. تَقتاتُ عليها العَوالِقُ الحيوانيّةُ، والحيواناتُ البحريّةُ الصّغيرةُ الّتي تتَضَمَّنُ يَرَقاتِ السَّرَطانِ، وفِراخَ السّمكِ، والقُرَيدِسَ، وقَنديلَ البحرِ الهُلاميّ.

هل تَعلَمون؟

لحم السَّلَمونِ الأحمرِ لونُهُ أحمر-بُرتُقاليّ لأنَّهُ يأكلُ الكثيرَ منَ الكريل، وهذا لونُهُ حين يكونُ في البحر.

يَروقُ للعَوالِقِ العَيشُ في الماءِ البارِد حيثُ الكثيرُ منَ التَّيّاراتِ الّتي تَجلِبُ المَوادَّ المُغذيّةَ من قاعِ البحر. تَتَواجَدُ العَوالِقُ بِكَميّاتٍ كبيرةٍ في بعضِ أَجْزاءِ المُحيطِ لدَرَجةٍ يَتَحَوَّلُ فيها الماءُ إلى اللّونِ الأخضرِ الدّاكِن. إنَّ مِياهَ المُحيطاتِ الّتي تَحوي أكبرَ كَميّاتٍ منَ العَوالِقِ هي حولَ القُطبَيْنِ، الشَّماليّ والجَنوبيّ. ولهذا السَبَبِ، تَسبَحُ الكثيرُ منَ الحيواناتِ، ومن ضمنِها السَّلَمون، باتِّجاهِ هذه المِياهِ بَحثًا عنِ الطَّعام.

العَوالِق

«الكريل»، والأسماكُ الصّغيرةُ جدًّا، كلُّها تأكُلُ العَوالِقَ الحيوانيّةَ، إلّا أنَّ الحيواناتِ الأكبرَ قليلًا، مثلَ السَّلَمونِ، تأكُلُ هذه الكائِناتِ الصّغيرة.

القُطبُ الشَّماليّ
القُطبُ الجَنوبيّ

يَتَرَبَّعُ على قِمّةِ سِلسِلةِ الغِذاءِ أكبرُ صَيّاديْ المُحيطاتِ وأكثرُها شَراسة. دائمًا ما تَكونُ كِبارُ الحيواناتِ المُفتَرِسةِ أقَلّ عَدَدًا من فَرائِسِها. أكبرُ الحيواناتِ المُفتَرِسةِ هذه خَبيرةٌ في الصَّيد. إنَّها تَسبَحُ بسُرعةٍ عبرَ الماءِ لأنَّ الفَريسةَ، كالسَّلَمونِ مثلًا، سَبَّاحةٌ سَريعةٌ أيضًا. كما أنَّها تَمتَلِكُ حَواسَّ مُتَطَوِّرةً للغايةِ تُتيحُ لها العُثورَ على فَريستِها في المُحيطِ الشّاسِعِ المفتوح.

سمكةُ قرشٍ تَأكُلُ سمكةَ سَلَمون

غالِبًا ما يَتِمُّ الإخلالُ بسلاسِلِ الغِذاءِ بسَبَبِ نَشاطاتِ الصَّيّادين.
السَّلَمونُ طَعامٌ مَحبوبٌ، فَيَتِمُّ اصطِيادُ الملايينِ منهُ كلَّ عام.
ولكن إذا اصطادَ الصَّيّادونَ الكثيرَ من أسماكِ السَّلَمونِ، فلن يَتَبَقّى
ما يَكفي لإطعامِ الحيواناتِ المُفتَرِسة. كما أنَّ أعدادًا قليلةً جدًّا
سَتُتاحُ لها فُرصةُ العَودةِ إلى الأنهارِ للتَّكاثُر. ولحُسنِ الحَظِّ، فَرَضَتْ
حُكوماتٌ عديدةٌ حُدودًا لكَميّاتِ السَّلَمونِ الّتي يُمكِنُ اصطِيادُها،
لكَي تَسمَحَ بحِمايةِ قُطعانِ السَّلمونِ في المُستَقبَل.

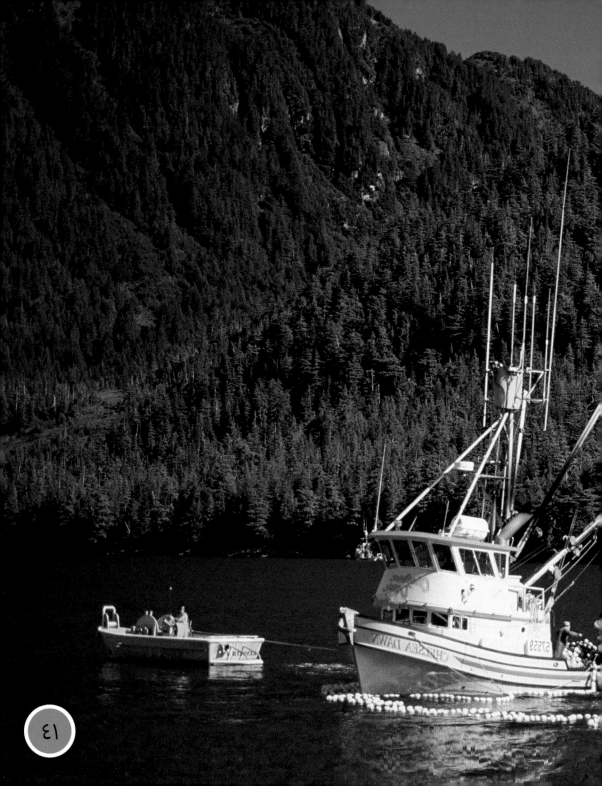

العودةُ إلى المَوْطِنِ الأصْليّ

تَبقى أسماكُ السَّلَمونِ في المُحيطِ لفَترةٍ تَصِلُ إلى ثماني سَنواتٍ، تَتَغَذَّى، وتَنمو. وفي كلِّ عامٍ، تَسبَحُ آلافَ الكيلومتراتِ بَحثًا عنِ الطَّعامِ، ممّا يَجعَلُها قَويّةً بَدَنيًّا. كما أنَّها تَبني مَخزونَها مِنَ الدُّهونِ استِعدادًا لرحلتِها الطَّويلةِ، حينَ تعودُ إلى الأنهارِ الّتي وُلِدَتْ فيها لتَضَعَ بيضَها، ثمَّ تَموت. إنَّها تَسبَحُ عبرَ المُحيطِ بَحثًا عن رائحةِ الماءِ الخاصّةِ بنَهرِ مَوطِنِها الأصْليّ. تَتوَقَّفُ السَّمكةُ عنِ الأكلِ ابتِداءً من وقتِ دُخولِ نَهرِ مَوطِنِها الأصْليِّ وحتّى فَترةِ وضعِ البَيضِ، وتَبقى حَيّةً بالاعتِمادِ على الدُّهونِ المَخزونةِ في أجسامِها.

بعد أن تَبقى سمكةُ السَّلَمونِ في الماءِ العَذبِ لفَترةٍ، فإنَّها تقومُ بتغييرِ مَظهَرِها مَرّةً أُخرى. سمكُ السَّلَمونِ الأحمرُ يَتَغَيَّرُ تغييرًا واضِحًا.

السَّلَمونُ الأحمرُ في البحر

هل تعلمون؟

تَسبَحُ الشِّينوكُ المَسافةَ الأبَعَدَ، أي أكثرَ من ٣٠٠٠ كيلومتر من مَواطِنِ تَغذيتِها في بحرِ بيرِنغ، إلى مَواطِنِ وَضعِ البيضِ في نهرِ يوكون.

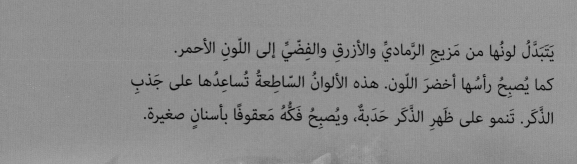

يَتَبَدَّلُ لونُها من مَزيجِ الرَّماديِّ والأزرقِ والفِضّيِّ إلى اللّونِ الأحمر.
كما يُصبِحُ رأسُها أخضرَ اللّون. هذه الألوانُ السّاطِعةُ تُساعِدُها على جَذبِ
الذَّكَر. تَنمو على ظَهرِ الذَّكَر حَدَبةٌ، ويُصبِحُ فَكُّهُ مَعقوفًا بأسنانٍ صغيرة.

إنَّ عودةَ ملايينِ السَّلَمونِ إلى الأنهارِ الّتي وُلِدَتْ فيها من أَروَعِ المَشاهِدِ الطَّبيعيّةِ المُذهِلةِ في العالَم. يَميلُ لونُ الماءِ إلى الأحمرِ، في بعضِ الاِمتِداداتِ المائيّةِ، بسَبَبِ وجودِ أسماكِ السَّلَمونِ بكَميّةٍ كبيرة.

تَتَطَلَّبُ السِّباحةُ إلى أعلى النّهرِ جُهدًا هائِلًا. توجَدُ في الأنهارِ شَلّالاتٌ ومُنحَدَراتٌ مائيّةٌ يَجِبُ على السَّلَمونِ اجتِيازُها. تَستَغرِقُ الرّحلةُ بِضعةَ أيّامٍ، تَشُقُّ فيها طريقَها ببُطء. فتَتَسَلَّقُ الشَّلّالاتِ الصّغيرةَ، وتَقفِزُ مَسافاتٍ قد تَصِلُ أحيانًا إلى أكثرَ من مِترٍ ونِصف. إنَّها تَقفِزُ منَ الماءِ بسُرعةٍ، ثمّ تَضرِبُ الهَواءَ بذَيلِها لِتَزيدَ نِسبةَ ارتفاعِها. إنَّ القَفزَ المُستَمِرَّ والسِّباحةَ ضدَّ مَجرى النّهرِ عَمَليّةٌ تُسَبِّبُ لها الإنهاكَ الشّديد.

بالإضافةِ إلى العَوائقِ الطَّبيعيّةِ في النَّهرِ، هناك السُّدودُ المُقامةُ عبرَ الأنهار. لحُسنِ الحَظِّ، توجَدُ في العَديد منَ السُّدودِ مَمَرَّاتٌ خاصّةٌ تُدعى «سَلالِمُ السّمكِ»، لأنَّها تُمَكِّنُ السَّلَمونَ منَ العُبور.

هناك مَخاطرُ أُخرى أيضًا. الأعدادُ الكبيرةُ منَ السَّلَمونِ في الماءِ تجتَذِبُ الحيواناتِ المُفتَرِسةَ كالدُّبِّ الرَّماديّ. الدِّبَبَةُ تُحِبُّ هذا الوقتَ منَ السَّنةِ، حيثُ يَمُدُّها السَّلَمونُ بوَليمةٍ منَ الطَّعام. يَتَجَمَّعُ عَدَدٌ كبيرٌ منَ الدِّبَبَةِ مع أشبالِها في الماءِ الضَّحلِ، وعلى امتِدادِ ضِفافِ النَّهرِ، وتَتَرَقَّبُ وُصولَ السَّلَمون. تَصطادُ الدِّبَبَةُ السّمكَ بمَخالِبِها الطَّويلةِ، وتَلتَهِمُهُ بسُرعة.

تَناوُلُ الكثيرِ منَ السَّلَمونِ ضَروريٌّ لبَقاءِ الدِّبَبَةِ، لأنَّها تَحتاجُ إلى تَعزيزِ مَخزونِ الدُّهونِ في أجسامِها، لمُقاوَمةِ بَردِ الشِّتاء.

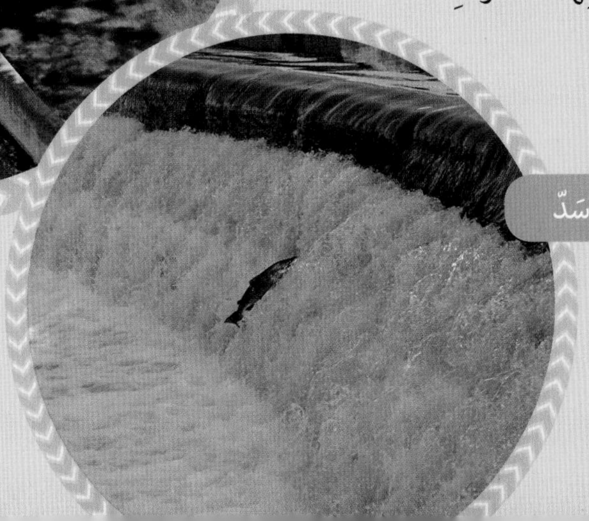

سُلَّمُ السّمك

سَدّ

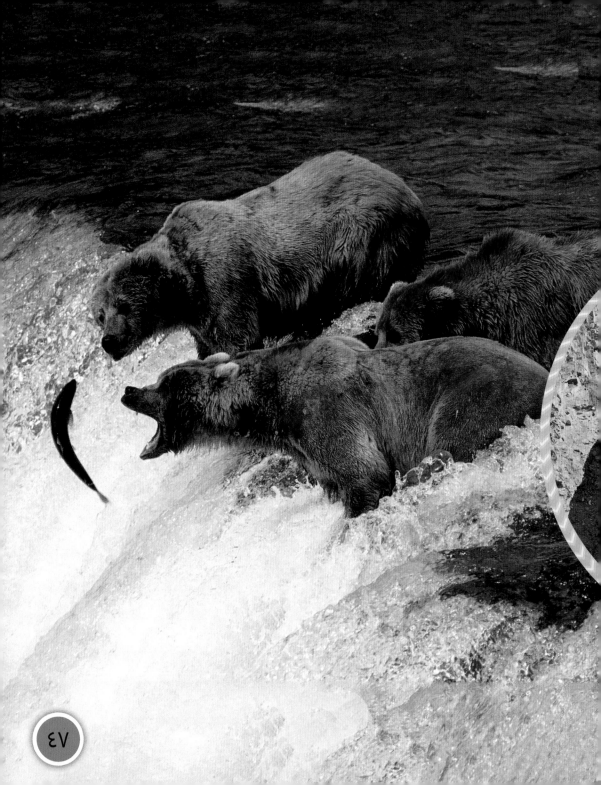

دَوْرةُ الحياة

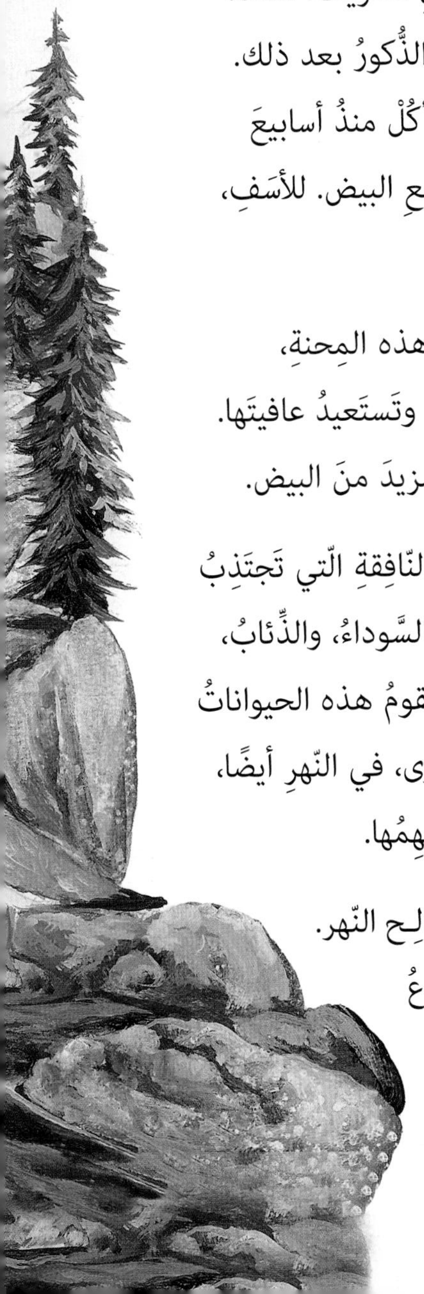

تَصِلُ أسماكُ السَّلَمونِ إلى مَواطِنِ وَضْعِ البيضِ في فَصلِ الخَريف. هناك، تَقومُ الإناثُ بِحَفرِ أعشاشِها ووَضعِ البيضِ الّذي تُخَصِّبُهُ الذُّكورُ بعد ذلك. في ذلك الوقتِ، تكونُ السّمكةُ مُرهَقةً تمامًا، فهي لم تأكُلْ منذُ أسابيعَ عَديدةٍ، واستَنْفَذَتِ الاحتياطيَّ الأخيرَ منَ الطّاقةِ في وَضعِ البيض. للأسَفِ، يَموتُ مُعظَمُ هذه الأسماكِ المُذهِلةِ بعد وَضع بيضِها.

ولكن، هناك دائمًا عَدَدٌ قَليلٌ منَ الإناثِ الّتي تَنجو من هذه المِحنةِ، وتَشُقُّ طَريقَها عبرَ النّهرِ عائِدةً إلى البحرِ، حيث تَتَغذّى وتَستَعيدُ عافيتَها. وخلالَ عامٍ تَقريبًا، تَعودُ هذه الاناث إلى النّهرِ لتَضَعَ المَزيدَ منَ البيض.

سُرعانَ ما تكتَسي مَناطِقُ وَضعِ البيضِ بِجُثَثِ السَّلَمونِ النّافِقةِ الّتي تَجتَذِبُ بعضَ الحيواناتِ الأُخرى. هناك الدِّببَةُ الرَّماديّةُ، والدِّببَةُ السَّوداءُ، والذِّئابُ، والنُّسورُ الصُّلعُ، وطُيورُ العُقابِ النّساريّةِ، وكِلابُ الماء. تَقومُ هذه الحيواناتُ بالنَّبْشِ في النُّفاياتِ والبَقايا وأكلِها. تَنضَمُّ الأسماكُ الأُخرى، في النّهرِ أيضًا، إلى هذه النَوبةِ الجُنونيّةِ للأكلِ، فتَنهَشُ قِطَعَ اللَّحمِ وتَلتَهِمُها.

هذه المَرحَلةُ الأخيرةُ في دَورةِ حياةِ السَّلَمونِ حاسِمةٌ لصالِح النّهر. يُوَفِّرُ السَّلَمونُ المَيِّتُ طَعامًا حَيَويًّا للحيواناتِ الّتي ستُصارِعُ من أجلِ البَقاء خلالَ مَواسِمِ الشِّتاءِ الطويلةِ القاسية.

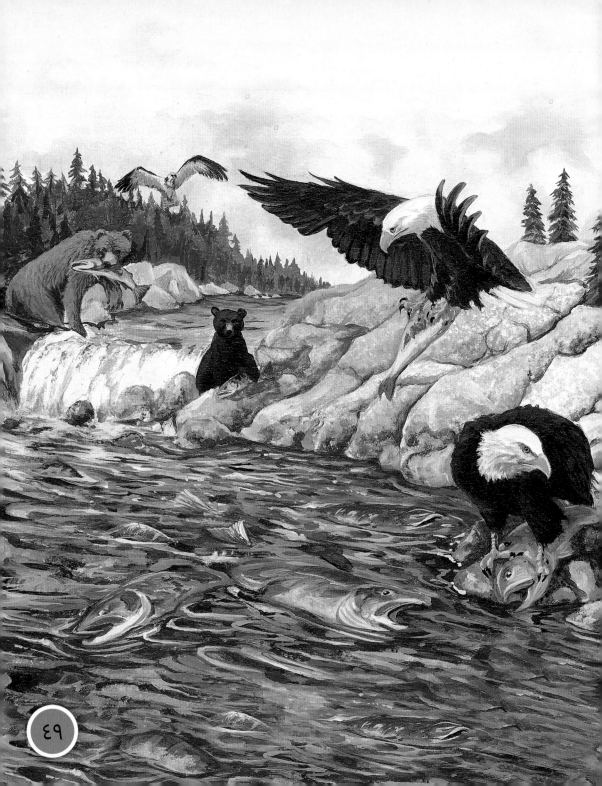

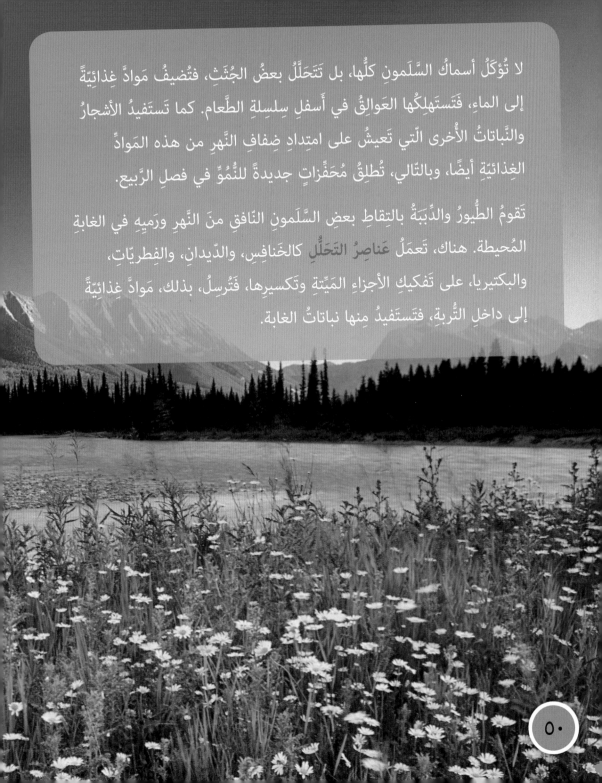

لا تُؤكَلُ أسماكُ السَّلَمونِ كلُّها، بل تَتَحَلَّلُ بعضُ الجُثَثِ، فتُضيفُ مَوادَّ غِذائِيّةً إلى الماءِ، فَتَستَهلِكُها العَوالِقُ في أَسفلِ سِلسِلةِ الطَّعام. كما تَستَفيدُ الأشجارُ والنَّباتاتُ الأُخرى الّتي تَعيشُ على امتِدادِ ضِفافِ النَّهرِ من هذه المَوادِّ الغِذائيّةِ أيضًا، وبالتّالي، تُطلِقُ مُحَفِّزاتٍ جديدةً للنُّمُوِّ في فصلِ الرَّبيع.

تَقومُ الطُّيورُ والدِّبَبَةُ بالتِقاطِ بعضِ السَّلَمونِ النّافقِ منَ النَّهرِ ورَميهِ في الغابةِ المُحيطة. هناك، تَعمَلُ **عَناصِرُ التَحَلُّلِ** كالخَنافِسِ، والدّيدانِ، والفِطريّاتِ، والبكتيريا، على تَفكيكِ الأجزاءِ المَيِّتةِ وتَكسيرِها، فَتُرسِلُ، بذلك، مَوادَّ غِذائِيّةً إلى داخلِ التُّربةِ، فتَستَفيدُ مِنها نباتاتُ الغابة.

وبحُلولِ فَصلِ الرَّبيعِ، تَكونُ جميعُ الأجسامِ الميِّتةِ قد اِختَفَتْ،
فَتَنبَعِثُ اليَرَقاتُ لِتَبدَأَ الدَّورةَ مرّةً أُخرى.

قائِمةُ المُفْرَدات

البَرّمائيّات	حيواناتٌ، كالضَّفادِعِ مثلًا، تَضَعُ بيوضَها في الماءِ، ولكنَّها تَعيشُ على اليابِسةِ عندَ بُلوغِها.
التَّحوُّل	تَبَدُّلٌ في المَظهَرِ في دَوْرةٍ حياتيّة.
التَّخْصيب	اِنضِمامُ السّائِلِ المَنَوِيِّ للذَّكَرِ إلى بَيضةِ الأُنثى لإنتاج حيوانٍ جديد.
الشَّرْنَقة	مَرحَلةُ الحَشَرةِ بينَ اليَرقةِ والحَشَرةِ البالِغة.
الحَوالِق	هَياكِلُ تَلتَفُّ حولَ أشياءَ للتَمَسُّكِ بها.
الحيواناتُ المُفتَرِسة	الحيواناتُ التي تَصطادُ وتَأكُلُ الحيواناتِ الأُخرى.
عَناصِرُ التَّحَلُّل	كائِناتٌ حَيّةٌ، مثلُ الفِطريّاتِ أو البكتيريا، تُساعِدُ على تَحَلّلِ المادّةِ الميِّتةِ والمُتَعَفِّنة.
القُطْر	خَطٌّ مُستَقيمٌ، يَمتَدُّ من أحدِ جَوانِبِ الدّائِرةِ إلى جانِبِها الآخَرِ عبرَ مَركَزِها.
الكُلْيَة	عُضوٌ في الجِسم، تَمتَصّ الماء والفَضَلاتِ منَ الدَّمِ لإنتاجِ البَول.
مَناطِقُ وَضعِ البَيض	المكانُ الّذي تَضَعُ فيهِ الحيواناتُ، كالأسماكِ، بُيوضَها.
المَوادُّ المُغَذِّية	الأغذِيةُ والفيتاميناتُ اللّازمةُ للصِّحّةِ الجيّدة.
النَّبْش	البَحثُ عن غِذاءٍ في المادّةِ الميِّتةِ أو المُتَحَلِّلة.

الفِهرِس

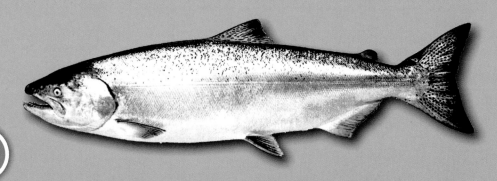

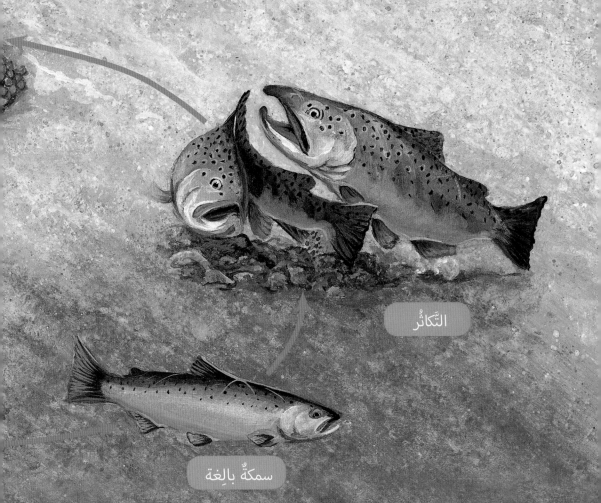

دَوْرةُ حياةِ السَّلَمون

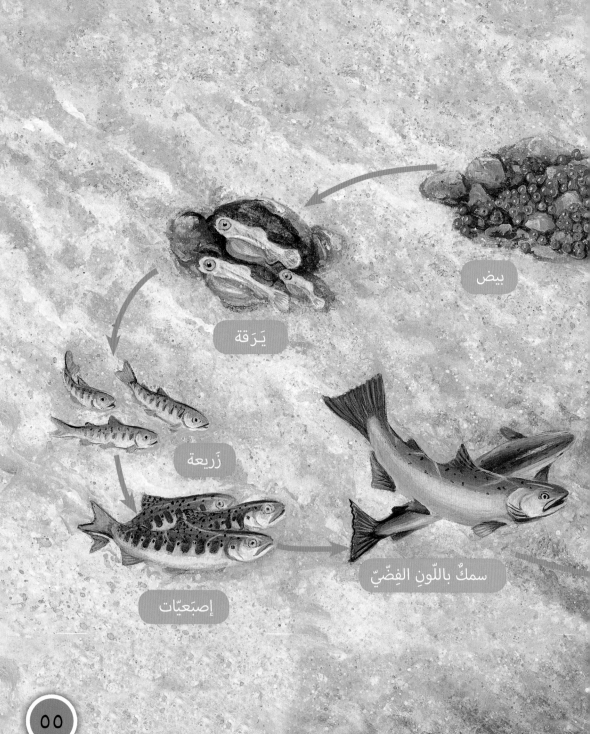

بيض

يَرَقة

زَريعة

سمكٌ باللّون الفِضّيّ

إصبَعيّات

كار واقتراحات

الأهداف:
- قراءة النصّ الوثائقيّ بسلاسة.
- قراءة نصّ يحتوي على مفردات متخصّصة وغير مألوفة نسبيًّا.
- قراءة جملة أطول نسبيًّا.
- استخدام قائمة المحتويات والفهرس للعثور على المعلومات.
- مقارنة معلومات متشابهة من نصّ واحد.
- استخلاص معلومات محدّدة.

روابط مع الموادّ التعليميّة ذات الصلة:
- مبادئ الجغرافيا.
- مبادئ التعرّف على عالم الحيوان.
- مبادئ العلوم.

مفردات جديرة بالانتباه: يَرَقة، شَرنَقة، زريعة، كلية، برّمائيّات، زواحف، عوالق، التحوّل، التكاثُر، التخصيب، النَّبش

الأدوات: حاسوب لكلّ مجموعة، انترنت، ورق، أقلام

قبل القراءة:

- ما هي ملاحظاتكم على الغلاف الخارجيّ الأماميّ للكتاب؟ (يبدو أنّها بحيرة هادئة؛ يبدو أنّها مياه عذبة وليست مالحة بسبب أنواع النبات الموجودة على الشاطئ؛ ثلوج فوق قمم الجبال؛ يبدو أنّ الأسماك تسبح في اتّجاه واحد؛ الخ)
- هيّا نقرأ العنوان معًا. ماذا تعرفون عن دورة الحياة؟ (ولادة، نموّ، أكل، شرب، تكاثر، موت) هل يمرّ البشر أيضًا بدورة الحياة؟
- انظروا إلى قائمة المحتويات. في أيّ صفحة سنجد معلومات عن سلاسل الغذاء في المحيط؟ وماذا عن قائمة المفردات؟ كيف نستخدمها لفهم كلمات غير مألوفة؟

أثناء القراءة:

- انظروا إلى الصورة ص ٣/٢: ماذا نرى؟ هل الفيلان الصغيران في العمر نفسه؟
- انظروا إلى الصور ص ٥/٤ :ماذا نتعلّم منها عن دورة الحياة؟